Impressum
Verlag: BABADADA GmbH, Nedderfeld 112 , 22529 Hamburg
Geschäftsführer / Verlagsleitung: Harald Hof
Druck: Books on Demand GmbH, In de Tarpen 42, 22848 Norderstedt

Imprint
Publisher: BABADADA GmbH, Nedderfeld 112 , 22529 Hamburg, Germany
Managing Director / Publishing direction: Harald Hof
Print: Books on Demand GmbH, In de Tarpen 42, 22848 Norderstedt

koulu

škola

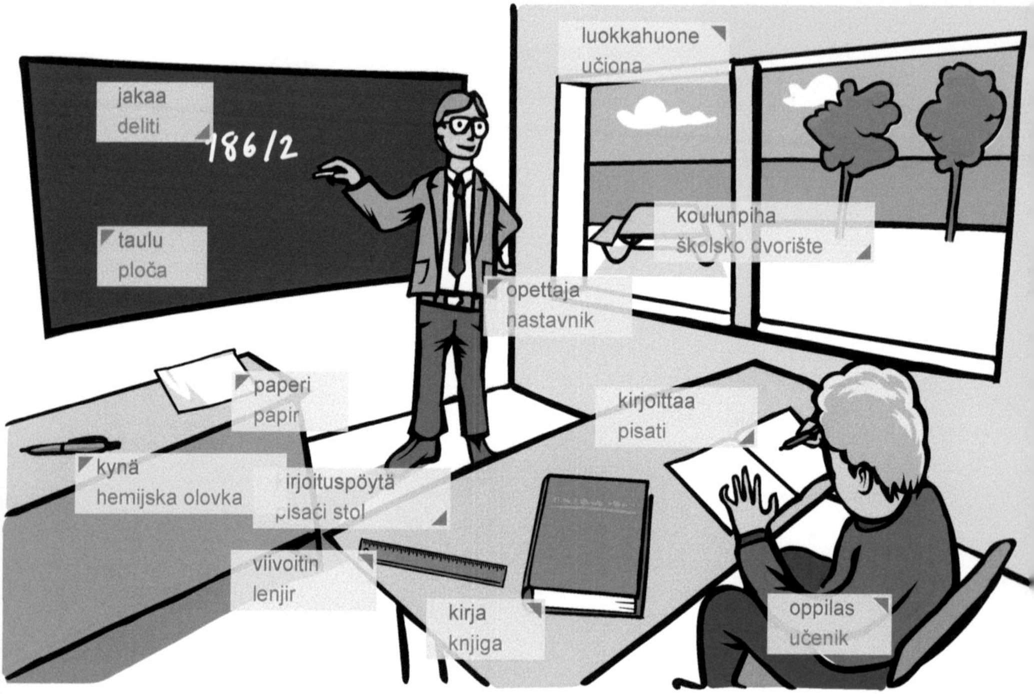
jakaa
deliti
186/2
taulu
ploča
luokkahuone
učiona
koulunpiha
školsko dvorište
opettaja
nastavnik
paperi
papir
kirjoittaa
pisati
kynä
hemijska olovka
irjoituspöytä
isaći stol
viivoitin
lenjir
kirja
knjiga
oppilas
učenik

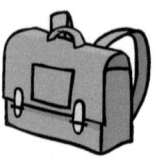

reppu

torba

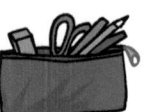

penaali

pernica

lyijykynä

grafitna olovka

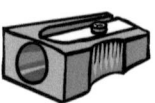

kynänteroitin

šiljilo za olovke

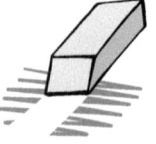

pyyhekumi

gumica za brisanje

piirustuslehtiö

blok za crtanje

piirustus

crtež

pensseli

kist

vesivärit

kutija sa bojama

sakset

makaze

liima

lepilo

harjoituskirja

beležnica

kotitehtävä

domaći zadatak

luku

broj

lisätä

sabirati

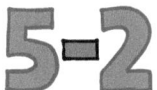

vähentää

oduzimati

kertoa

množiti

laskea

računati

kirjain

slovo

aakkoset

abeceda

sana

reč

teksti

tekst

lukea

čitati

liitu

kreda

oppitunti

čas

opettajan muistikirja

dnevnik

koe

ispit

todistus

svedočanstvo

koulupuku

školska uniforma

koulutus

obrazovanje

sanakirja

leksikon

yliopisto

univerzitet

mikroskooppi

mikroskop

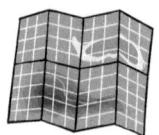

kartta

karta

roskakori

košara za papir

matka
putovanje

hotelli
hotel
Grand
retkeilymaja
prenoćište
ROOMS
CHANGE
rahanvaihto
menjačnica
matkalaukku
kofer
auto
auto

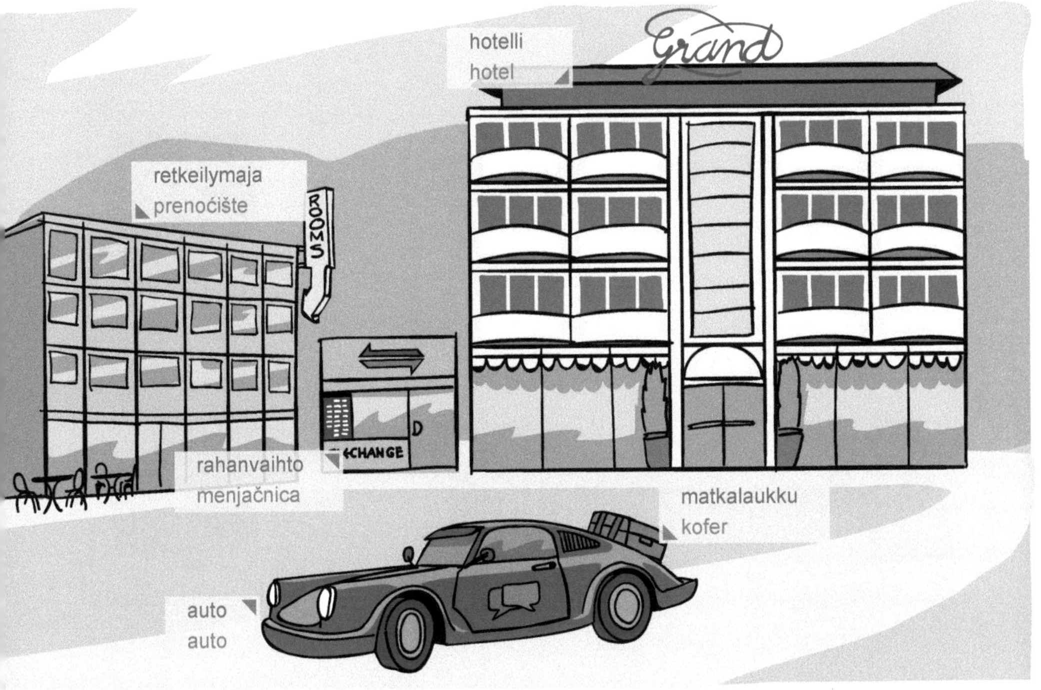

kieli

jezik

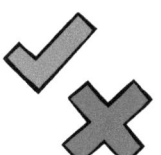

kyllä / ei

da / ne

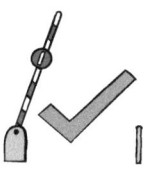

selvä

okej

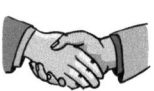

hei

zdravo

tulkki

prevodilac

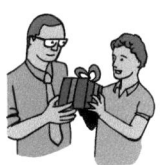

kiitos

hvala

Paljonko...maksaa?

Koliko košta...?

en ymmärrä

ne razumem

ongelma

problem

Hyvää iltaa!

dobro veče!

Hyvää huomenta!

Dobro jutro!

Hyvää yötä!

Laku noć!

näkemiin

doviđenja

suunta

smer

matkatavarat

prtljaga

laukku

torba

reppu

ruksak

vieras

gost

huone

soba

makuupussi

vreća za spavanje

teltta

šator

matka - putovanje

turisti-info

turističke informacije

ranta

plaža

luottokortti

kreditna kartica

aamupala

doručak

lounas

ručak

päivällinen

večera

matkalippu

karta za vožnju

hissi

lift

postimerkki

poštanska markica

raja

granica

tulli

carina

suurlähetystö

ambasada

viisumi

viza

passi

pasoš

kuljetus
transport

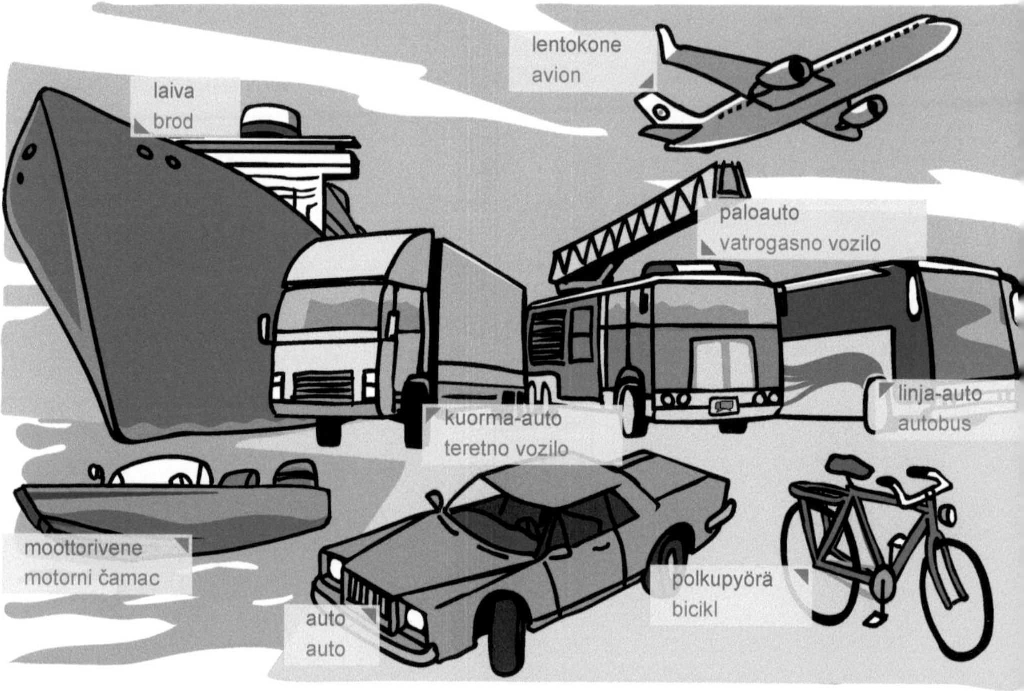
lentokone
avion
laiva
brod
paloauto
vatrogasno vozilo
linja-auto
autobus
kuorma-auto
teretno vozilo
moottorivene
motorni čamac
polkupyörä
bicikl
auto
auto

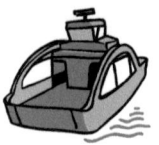

lautta

trajekt

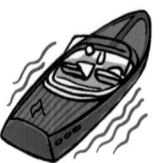

vene

čamac

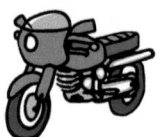

moottoripyörä

motocikl

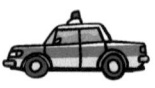

poliisiauto

policijski auto

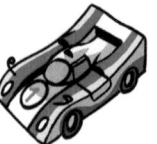

kilpa-auto

trkaći auto

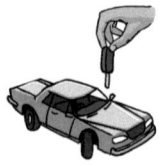

vuokra-auto

iznajmljeno auto

car sharing

delenje automobila

hinausauto

vučno vozilo

roska-auto

vozilo za odvoz smeća

moottori

motor

polttoaine

benzin

huoltoasema

benzinska stanica

liikennemerkki

saobraćajni znak

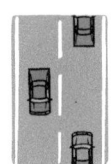

liikenne

saobraćaj

ruuhka

zastoj

parkkipaikka

parkiralište

rautatieasema

železnička stanica

raiteet

šine

juna

voz

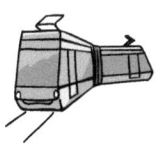

raitiovaunu

tramvaj

vaunu

vagon

helikopteri
helikopter

lentokenttä
aerodrom

lähilennonjohto
kula

matkustaja
putnik

kontti
kontejner

pahvilaatikko
karton

kärryt
kolica

kori
korpa

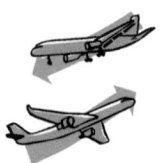

nousta / laskea
uzleteti / sleteti

kaupunki
grad

kylä
selo

keskusta
centar grada

talo
kuća

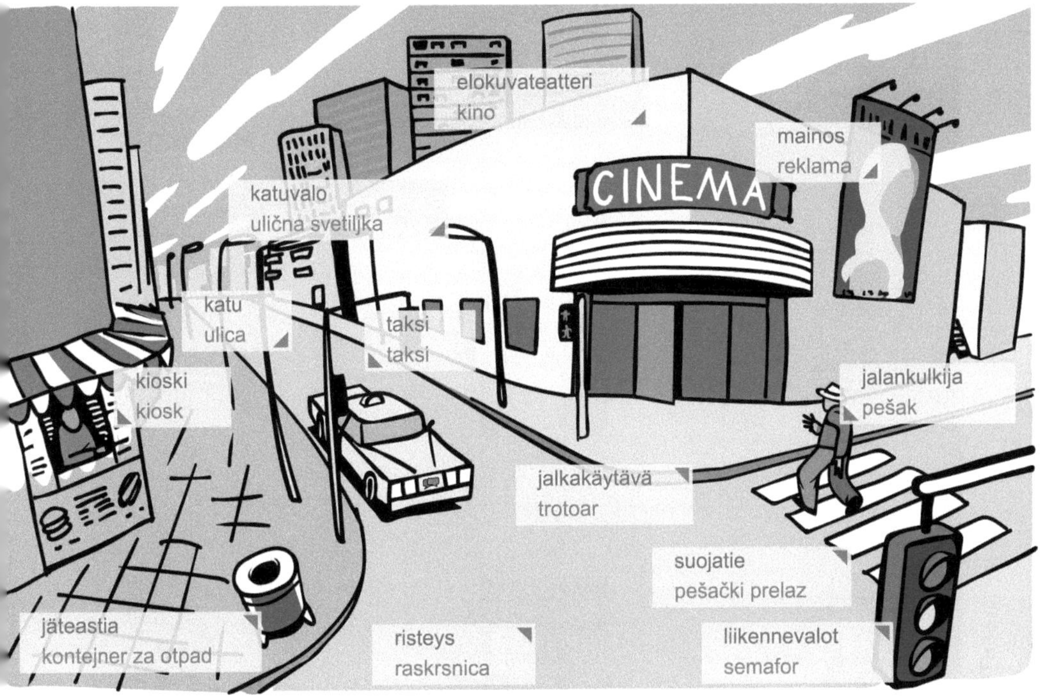

elokuvateatteri
kino
CINEMA
mainos
reklama
katuvalo
ulična svetiljka
katu
ulica
taksi
taksi
kioski
kiosk
jalankulkija
pešak
jalkakäytävä
trotoar
suojatie
pešački prelaz
jäteastia
kontejner za otpad
risteys
raskrsnica
liikennevalot
semafor

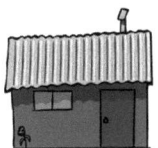

mökki
koliba

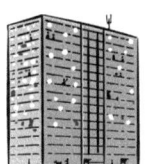

kerrostalo
stan

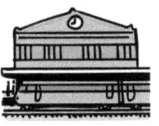

rautatieasema
železnička stanica

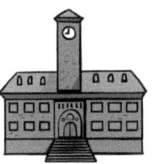

kaupungintalo
većnica

MUSEUM
museo
muzej

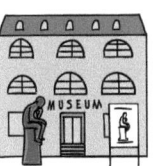

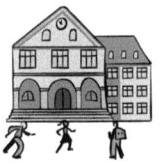

koulu
škola

yliopisto
univerzitet

pankki
banka

sairaala
bolnica

hotelli
hotel

apteekki
apoteka

toimisto
kancelarija

kirjakauppa
knjižara

liike
prodavnica

kukkakauppa
cvećara

supermarketti
supermarket

tori
trg

tavaratalo
robna kuća

kalakauppias
ribarnica

ostoskeskus
trgovački centar

satama
luka

puisto
park

penkki
klupa

silta
most

portaat
stepenice

metro
podzemna železnica

tunneli
tunel

linja-autopysäkki
autobuska stanica

baari
bar

ravintola
restoran

postilaatikko
poštansko sanduče

katukyltti
ulični znak

parkkimittari
parkirni automat

eläintarha
zoološki vrt

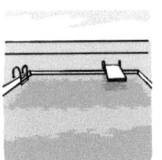

uimala
bazen

moskeija
džamija

maatila

seosko gazdinstvo

ympäristön saastuminen

zagađenje okoline

hautausmaa

groblje

kirkko

crkva

leikkikenttä

igralište

temppeli

hram

maisema

pejsaž

lehti
list

tienviitta
putokaz

tie
put

niitty
livada

kivi
kamen

puu
drvo

retkeilijä
šetač

joki
reka

ruoho
trava

kukka
cvijet

laakso
dolina

vuori
planina

järvi
jezero

metsä
šuma

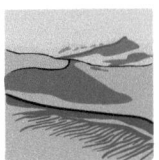

aavikko
pustinja

tulivuori
vulkan

linna
dvorac

sateenkaari
duga

sieni
gljiva

palmu
palma

hyttynen
moskito

kärpänen
muva

muurahainen
mrav

mehiläinen
pčela

hämähäkki
pauk

kovakuoriainen

buba

sammakko

žaba

orava

veverica

siili

jež

jänis

zec

pöllö

sova

lintu

ptica

joutsen

labud

villisika

divlja svinja

peura

jelen

hirvi

los

pato

nasip

tuulimylly

vetrenjača

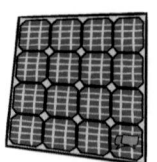

aurinkopaneeli

solarna ploča

ilmasto

klima

ravintola
restoran

tarjoilija
konobar
ruokalista
jelovnik
tuoli
stolica
keitto
supa
pitsa
pica
ruokailuvälineet
pribor za jelo
pöytäliina
stolnjak

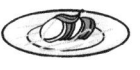

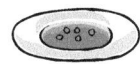

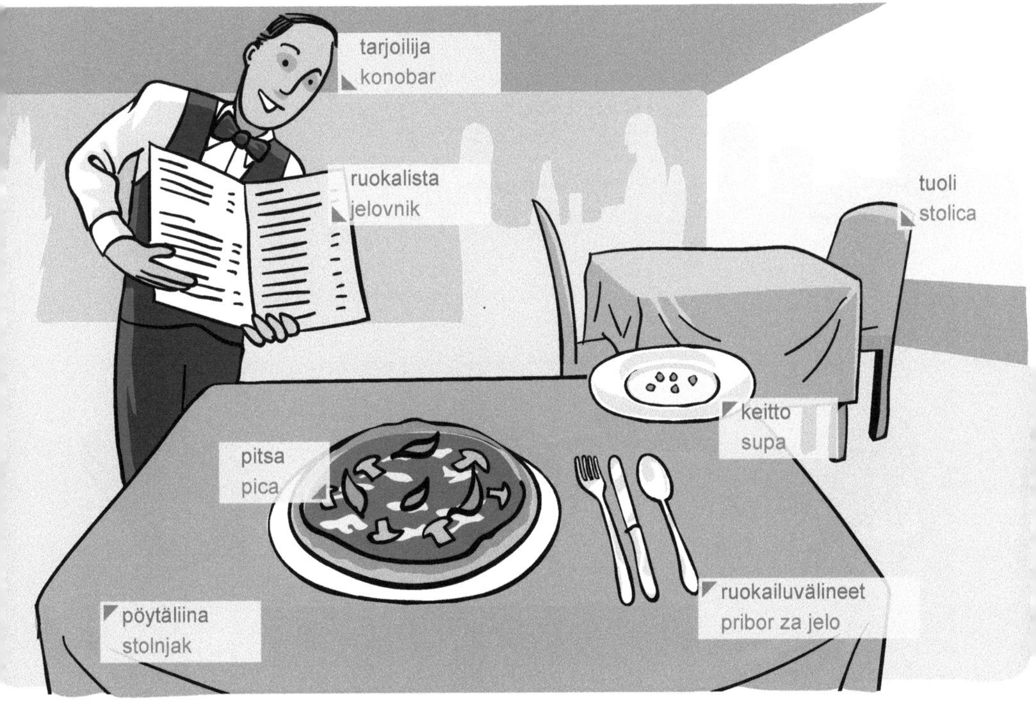

alkuruoka

predjelo

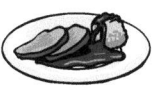

pääruoka

glavno jelo

jälkiruoka

desert

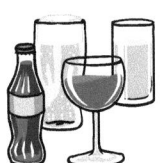

juomat

napitci

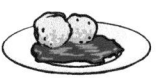

ruoka

jelo

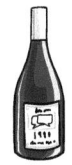

pullo

flaša

pikaruoka

brza hrana

katuruoka

imbis hrana

teekannu

čajnik

sokeriastia

doza za šećer

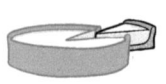

annos

porcija

espressokeitin

aparat za espresso

syöttötuoli

visoka stolica

lasku

račun

tarjotin

poslužavnik

veitsi

nož

haarukka

viljuška

lusikka

kašika

teelusikka

čajna kašika

servietti

salveta

lasi

čaša

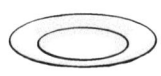

lautanen

tanjir

syvä lautanen

tanjir za supu

aluslautanen

tanjirić

kastike

sos

suolasirotin

soljenka

pippurimylly

mlin za biber

etikka

sirće

öljy

ulje

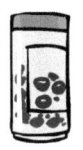

mausteet

začini

ketsuppi

kečap

sinappi

senf

majoneesi

majoneza

supermarketti
supermarket

tarjous
ponuda
FOR
asiakas
kupac
maitotuotteet
mlečni proizvodi
hedelmät
voće
ostoskärryt
kolica za kupovinu

BUTCHERS

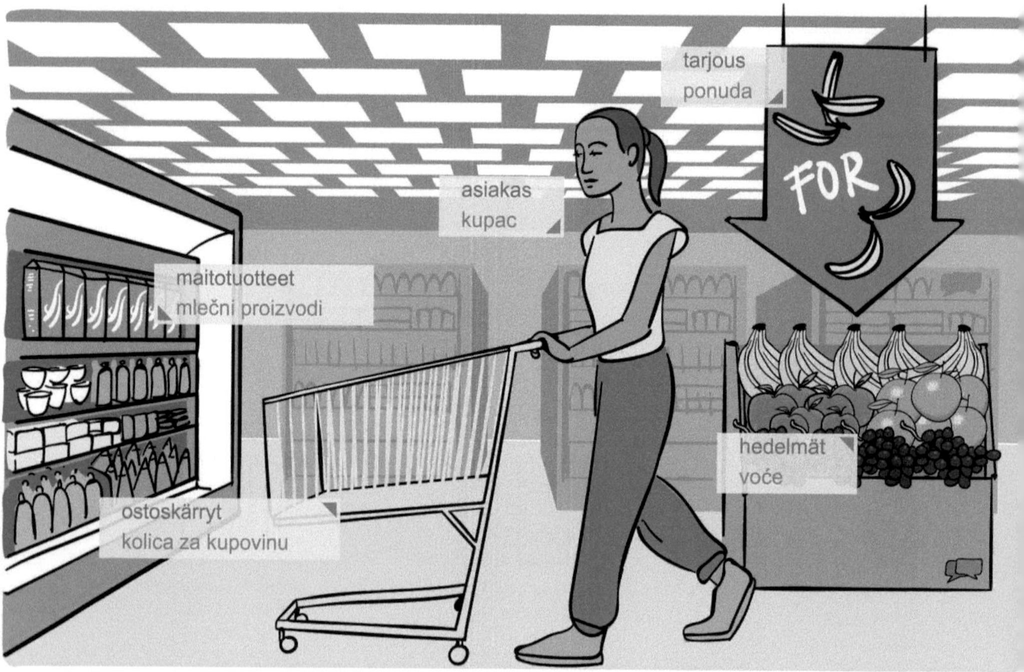

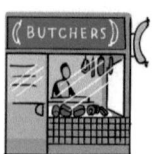

teurastamo

mesnica

BAKERY

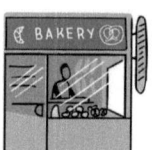

leipomo

pekara

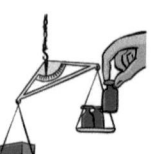

punnita

vagati

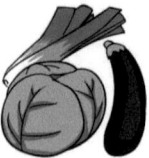

kasvikset

povrće

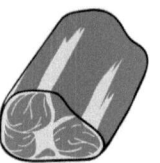

liha

meso

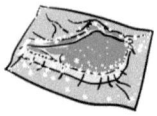

pakasteet

smrznuta hrana

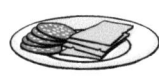

leikkele

narezak

säilykkeet

konzerve

pesujauhe

sredstvo za pranje

makeiset

slatkiši

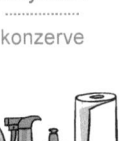

kotitaloustarvikkeet

artikli za domaćinstvo

puhdistusaineet

sredstva za čišćenje

myyjä

prodavačica

kassa

blagajna

kassanhoitaja

blagajnik

ostoslista

lista za kupovinu

aukioloajat

vreme rada

lompakko

novčanik

luottokortti

kreditna kartica

kassi

torba

muovipussi

plastična kesa

vesi

voda

mehu

sok

maito

mleko

kokis

kola

viini

vino

olut

pivo

alkoholi

alkohol

kaakao

kakao

tee

čaj

kahvi

kava

espresso

espresso

cappuccino

cappuccino

banaani

banana

omena

jabuka

appelsiini

narandža

meloni

lubenica

sitruuna

limun

porkkana

šargarepa

valkosipuli

beli luk

bambu

bambus

sipuli

luk

sieni

gljiva

pähkinät

orašasti plodovi

spagetti

rezanci

spagetti

špagete

riisi

riža

salaatti

salata

ranskalaiset

pomfrit

paistetut perunat

pečeni krumpir

pitsa

pica

hampurilainen

hamburger

voileipä

sendvič

leike

šnicla

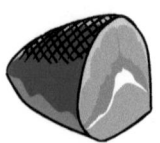

kinkku

šunka

salami

salama

makkara

kobasica

kana

kokoš

paisti

pečenje

kala

riba

kaurahiutaleet

zobene pahuljice

mysli

musli

murot

kukuruzne pahuljice

jauho

brašno

voisarvi

kroasan

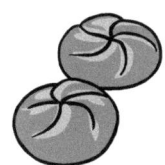

sämpylä

pecivo

leipä

hleb

paahtoleipä

toast

keksit

keksi

voi

maslac

rahka

sveži sir

kakku

kolač

kananmuna

jaje

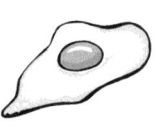

paistettu kananmuna

jaje na oko

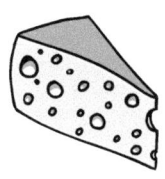

juusto

sir

jäätelö

sladoled

sokeri

šećer

hunaja

med

hillo

marmelada

suklaapähkinälevite

nugat krema

curry

kari

maatila
seosko gazdinstvo

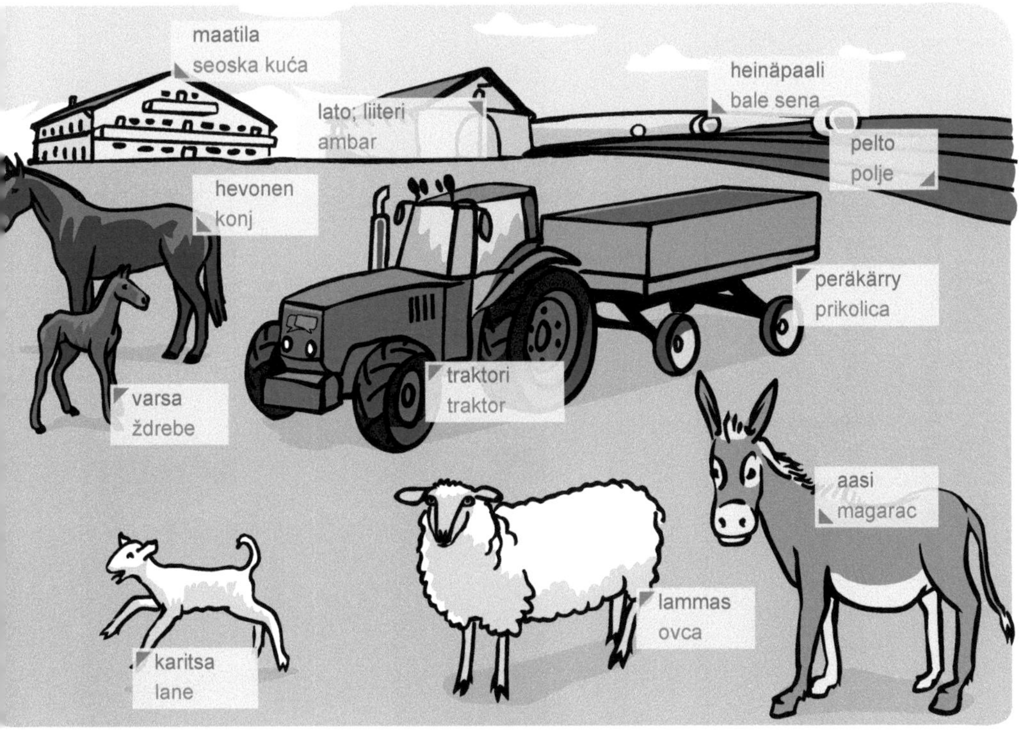

maatila
seoska kuća
lato; liiteri
ambar
heinäpaali
bale sena
pelto
polje
hevonen
konj
peräkärry
prikolica
traktori
traktor
varsa
ždrebe
aasi
magarac
lammas
ovca
karitsa
lane

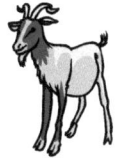

vuohi

koza

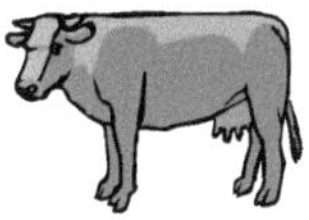

lehmä

krava

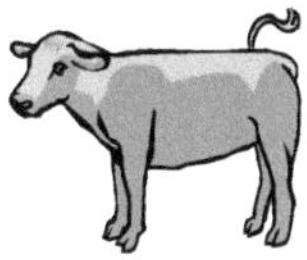

vasikka

tele

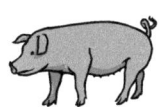

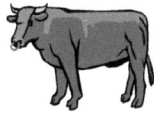

sika

svinja

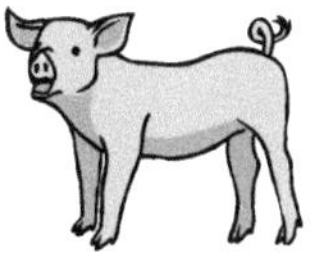

porsas

prase

sonni

bik

hanhi

guska

ankka

patka

tipu

pilići

kana

kokoš

kukko

petao

rotta

pacov

kissa

mačka

hiiri

miš

härkä

vol

koira

pas

koirankoppi

kućica za psa

puutarhaletku

vrtno crevo

kastelukannu

kanta za polivanje

viikate

kosa

aura

plug

sirppi

srp

kuokka

motika

talikko

viljuška za đubrivo

kirves

sekira

kottikärryt

tačke

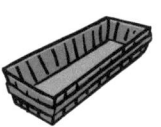

kaukalo

korito

maitokannu

posuda za mleko

säkki

vreća

aita

ograda

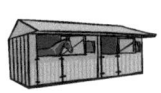

talli

štala

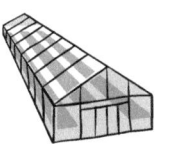

kasvihuone

staklenik

maa

zemlja

siemen

seme

lannoite

đubrivo

leikkuupuimuri

kombajn

maatila - seosko gazdinstvo 29

kerätä sato

žeti

sato

žetva

jamssit

jams začin

vehnä

pšenica

soija

soja

peruna

krumpir

maissi

kukuruz

rypsi

uljana repica

hedelmäpuu

voćka

maniokki

gomolj manioke

vilja

žitarice

talo
kuća

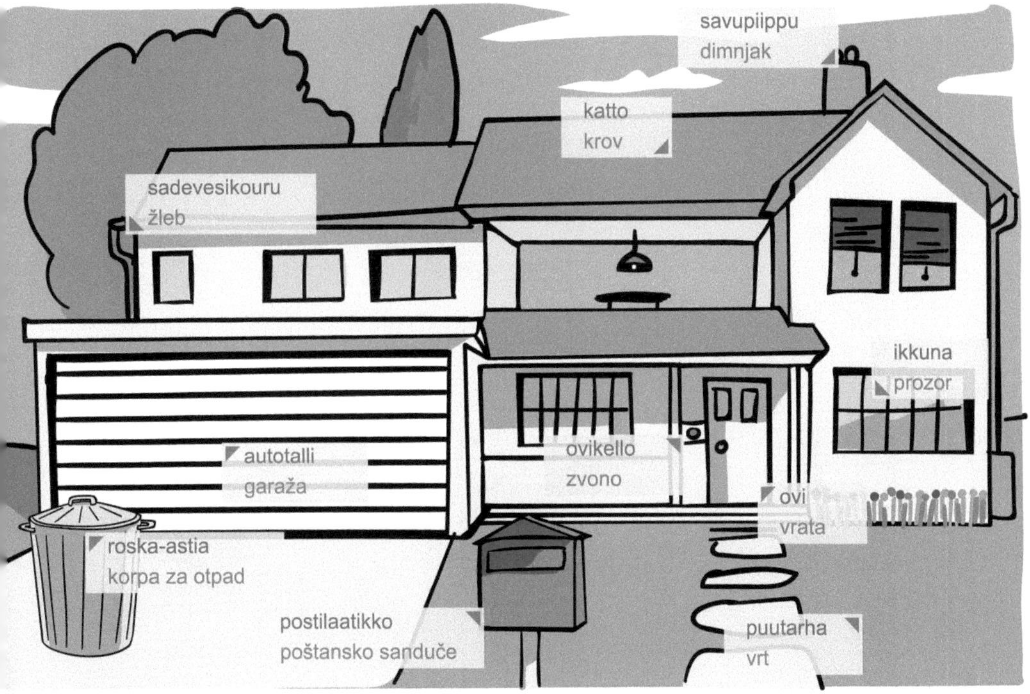
savupiippu
dimnjak
katto
krov
sadevesikouru
žleb
ikkuna
prozor
autotalli
garaža
ovikello
zvono
ovi
vrata
roska-astia
korpa za otpad
postilaatikko
poštansko sanduče
puutarha
vrt

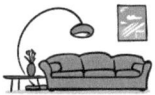

olohuone

dnevna soba

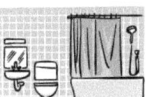

kylpyhuone

kupaonica

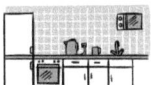

keittiö

kuhinja

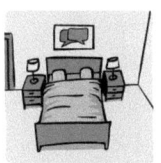

makuuhuone

spavaća soba

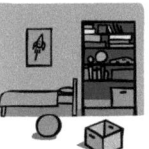

lastenhuone

dečija soba

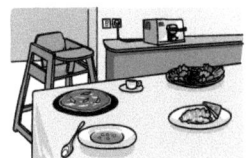

ruokahuone

trpezarija

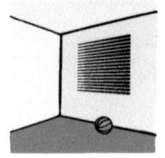

lattia
pod

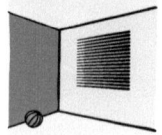

seinä
zid

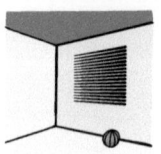

katto
strop

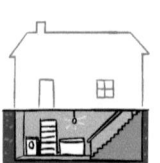

kellari
podrum

sauna
sauna

parveke
balkon

terassi
terasa

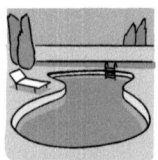

uima-allas
bazen

ruohonleikkuri
kosilica za travu

lakana
posteljina za krevet

päiväpeitto
deka za krevet

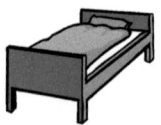

sänky
krevet

harja
metla

ämpäri
kanta

katkaisin
prekidač

talo - kuća

olohuone
dnevna soba

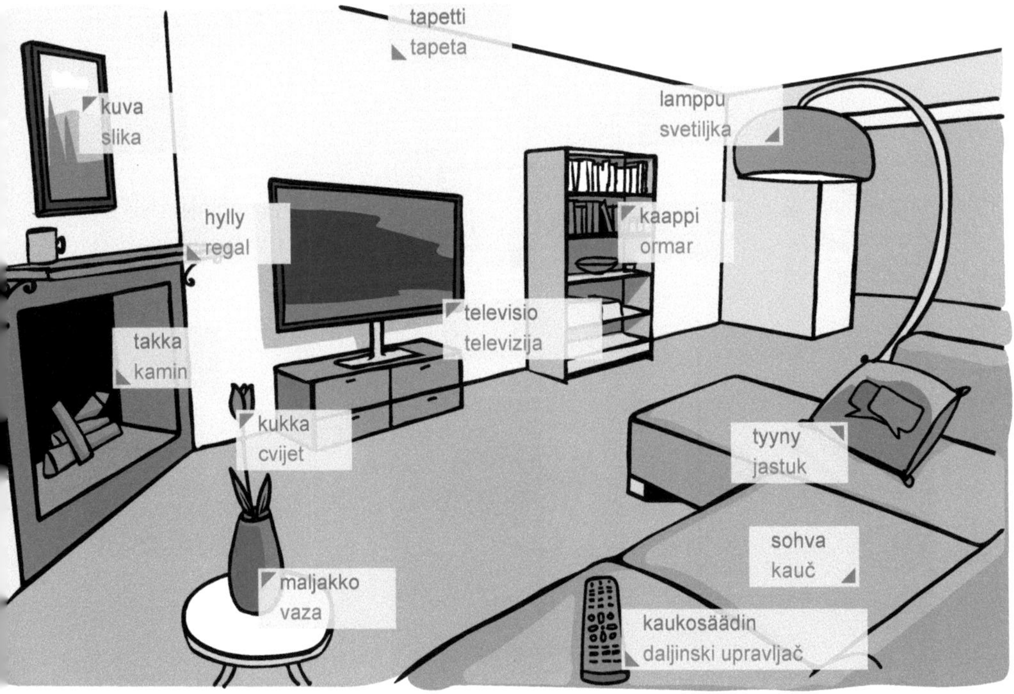

tapetti
tapeta
kuva
slika
lamppu
svetiljka
hylly
regal
kaappi
ormar
televisio
televizija
takka
kamin
kukka
cvijet
tyyny
jastuk
sohva
kauč
maljakko
vaza
kaukosäädin
daljinski upravljač

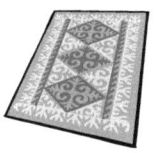

matto

tepih

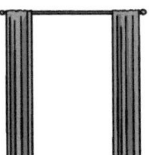

verho

zavesa

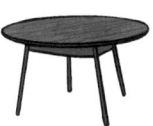

pöytä

sto

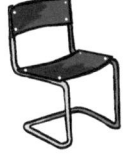

tuoli

stolica

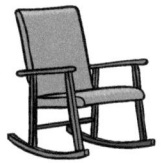

keinutuoli

stolica za njihanje

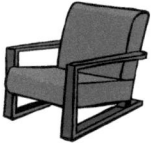

nojatuoli

fotelja

kirja

knjiga

peitto

deka

koriste

dekoracija

polttopuut

drvo za ogrev

elokuva

film

stereot

hi-fi uređaj

avain

ključ

sanomalehti

novine

maalaus

slika na platnu

juliste

poster

radio

radio

muistivihko

blok za pisanje

pölynimuri

usisivač

kaktus

kaktus

kynttilä

sveća

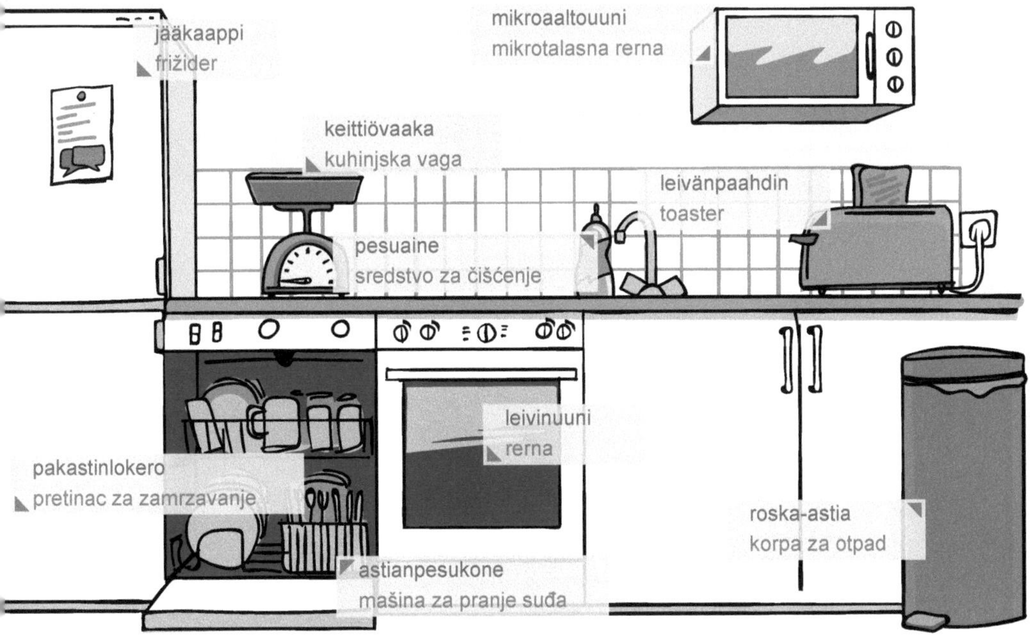

jääkaappi
frižider

mikroaaltouuni
mikrotalasna rerna

keittiövaaka
kuhinjska vaga

leivänpaahdin
toaster

pesuaine
sredstvo za čišćenje

leivinuuni
rerna

pakastinlokero
pretinac za zamrzavanje

roska-astia
korpa za otpad

astianpesukone
mašina za pranje suđa

liesi
šporet

kattila
lonac

rautapata
gvozdeni lonac

vokkipannu / kadai-pannu
wok / kadai

paistinpannu
tava

teepannu
kuvalo za vodu

höyrykeitin

kuvalo na paru

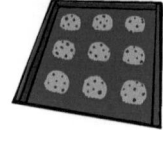

uunipelti

lim za pečenje

astiat

posuđe

muki

čaša

kulho

posuda

syömäpuikot

štapići za jelo

kauha

kutlača

paistinlasta

lopatica

vispilä

penjača

siivilä

sito za kuvanje

siivilä

sito

raastin

ribež

mortteli

mužar

grilli

roštilj

avotuli

ognjište

leikkuulauta

daska

kaulin

oklagija

korkinavaaja

vadičep

purkki

konzerva

purkinavaaja

otvarač konzervi

pannulappu

krpa za lonac

lavuaari

sudoper

tiskiharja

četka

pesusieni

sunđer

tehosekoitin

mikser

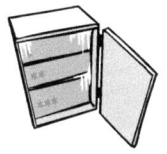

pakastin

zamrzivač

tuttipullo

flašica za bebe

vesihana

slavina za vodu

kylpyhuone

kupaonica

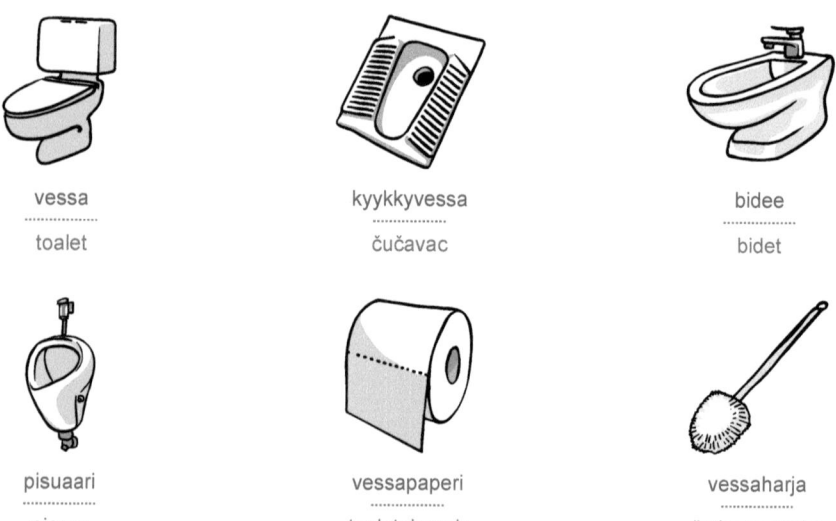

lämmitys
grejanje
suihku
tuš
pyyhe
peškir
suihkuverho
zavesa za tuš
vaahtokylpy
penušava kupka
kylpyamme
kada
lasi
čaša
pesukone
mašina za pranje veša
vesihana
slavina za vodu
kaakelit
pločice
potta
tuta
lavuaari
sudoper

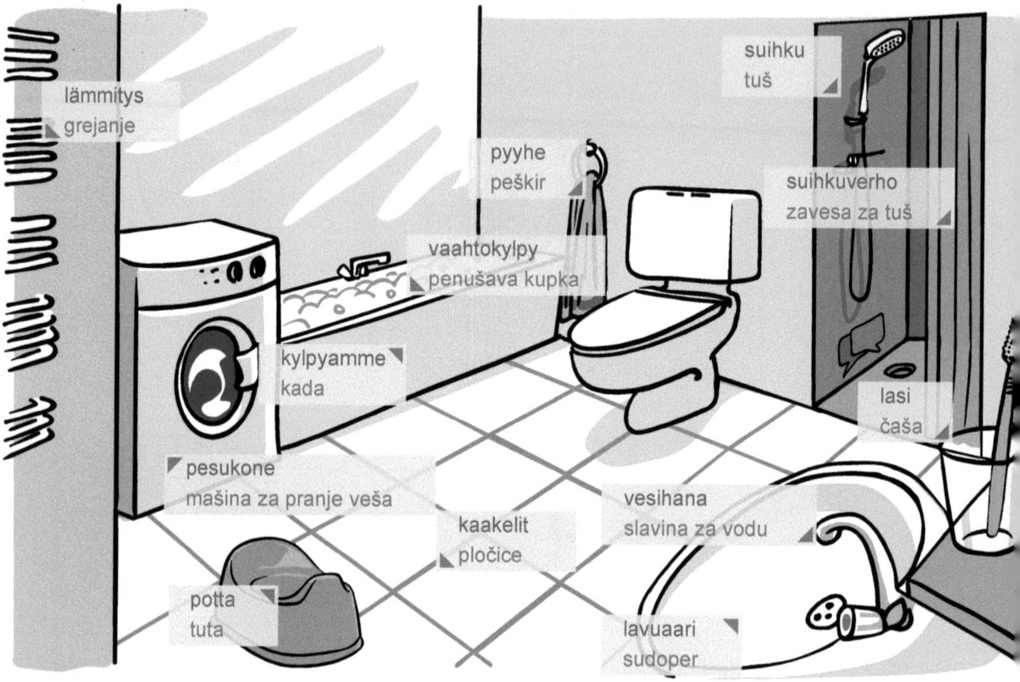

vessa

toalet

kyykkyvessa

čučavac

bidee

bidet

pisuaari

pisoar

vessapaperi

toaletni papir

vessaharja

četka za toalet

hammasharja

četkica za zube

hammastahna

pasta za zube

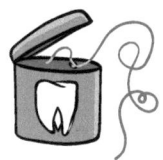

hammaslanka

konac za zube

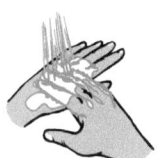

pestä

prati

käsisuihku

tuš ručica

intiimisuihku

tuš za pranje intimnih
delova

pesuvati

lavor

selkäharja

četka za pranje leđa

saippua

sapun

suihkugeeli

gel za tuširanje

shampoo

šampon

pesulappu

krpa za pranje

viemäri

odvod

voide

krema

deodorantti

dezodorans

peili

ogledalo

käsipeili

kozmetičko ogledalo

partaveitsi

brijač

partavaahto

pena za brijanje

partavesi

losion za posle brijanja

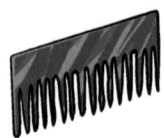

kampa

češalj

harja

četka

hiustenkuivaaja

fen za kosu

hiuslakka

sprej za kosu

meikki

makeup

huulipuna

ruž za usne

kynsilakka

lak za nokte

pumpuli

vata

kynsisakset

makaze za nokte

hajuvesi

parfem

kosmetiikkalaukku

kozmetička torbica

jakkara

stolica

vaaka

vaga

kylpytakki

ogrtač

kumihansikkaat

rukavice za čišćenje

tamponi

tampon

terveyssside

uložak

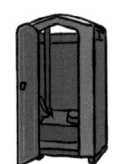

kemiallinen wc

hemijski toalet

lastenhuone
dečija soba

herätyskello
budilnik
pehmolelu
plišana igračka
leikkiauto
auto igračka
helistin
zvečka
nukkekoti
kućica za lutke
lahja
poklon

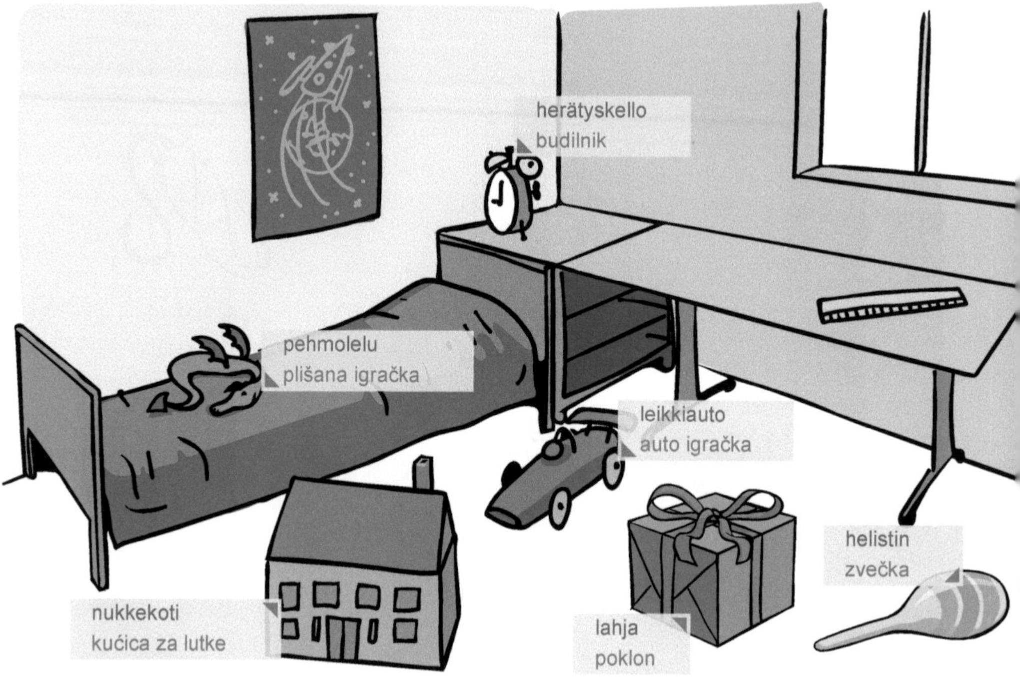

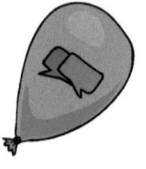

ilmapallo
balon

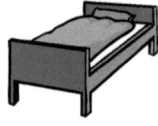

sänky
krevet

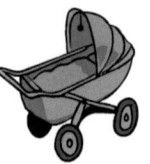

lastenvaunut
dječija kolica

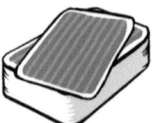

korttipeli
igra s kartama

palapeli
slagalica

SUPER MEGA
sarjakuva
strip

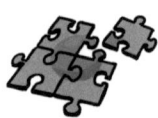

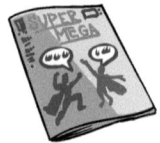

legopalikat

lego kockice

rakennuspalikat

kockice za slaganje

supersankari

akcioni junak

potkupuku

benkica za bebe

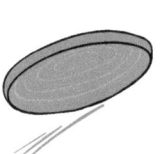

frisbee

frizbi

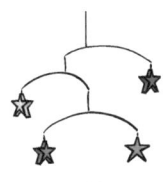

mobile

viseće igračke

lautapeli

društvene igre

noppa

kocka

pienoisjunarata

minijaturna željeznica

tutti

duda

juhlat

zabava

kuvakirja

slikovnica

pallo

lopta

nukke

lutka

leikkiä

igrati

hiekkalaatikko

pješčanik

keinu

ljuljačka

lelut

igračka

pelikonsoli

konzola za igre

kolmipyörä

tricikl

nalle

tedi

vaatekaappi

ormar

vaatteet
odeća

sukat

kratke čarape

nylonsukat

čarape

sukkahousut

hulahopke

kaulaliina
šal

sateenvarjo
kišobran

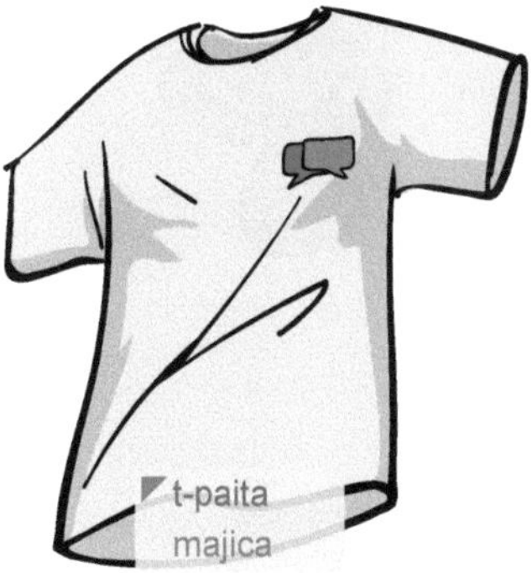

t-paita
majica

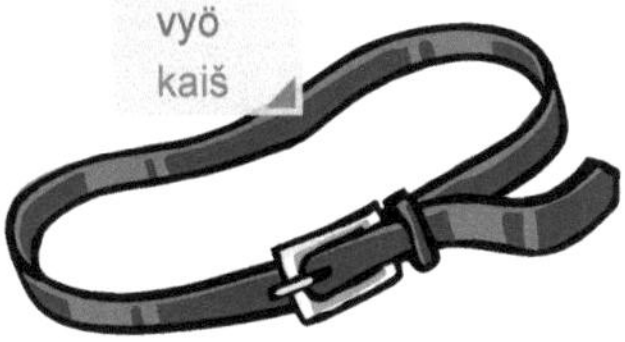

vyö
kaiš

sisätossut
papuče

saappaat
čizme

lenkkarit
patike

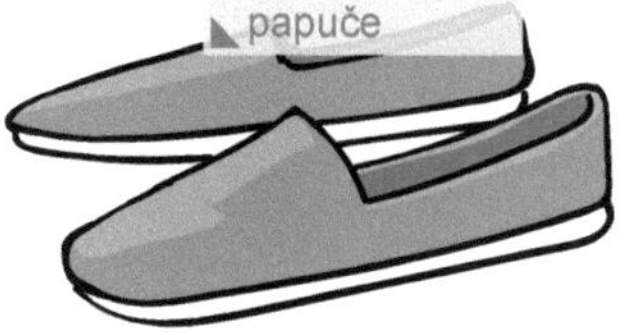

sandaalit
sandale

kengät
cipele

kumisaappaat
gumene čizme

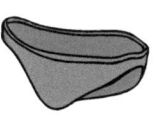

alushousut
gaćice

rintaliivit
grudnjak

aluspaita
potkošulja

body

bodi

housut

pantalone

farkut

farmerke

hame

suknja

pusero

bluza

paita

košulja

villapaita

džemper

collegepaita

džemper s kapuljačom

jakku

sako

takki

jakna

takki

kaput

sadetakki

kabanica

puku

kostim

mekko

haljina

hääpuku

venčanica

puku

odelo

yöpaita

spavaćica

pyjama

pidžama

shari

sari

päähuivi

marama za glavu

turbaani

turban

burka

burka

kaftaani

kaftan

abaya

abaja

uimapuku

kupaći kostim

uimahousut

kupaće gaćice

shortsit

kratke pantalone

verkkarit

odeća za trening

esiliina

kecelja

käsineet

rukavice

nappi

dugme

silmälasit

naočare

rannekoru

narukvica

kaulakoru

ogrlica

sormus

prsten

korvakoru

naušnica

lippalakki

kapa

ripustin

vešalica

hattu

šešir

solmio

kravata

vetoketju

patent zatvarač

kypärä

kaciga

henkselit

naramenice

koulupuku

školska uniforma

univormu

uniforma

ruokalappu

podbradak

tutti

duda

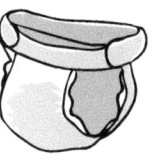

vaippa

pelena

toimisto
kancelarija

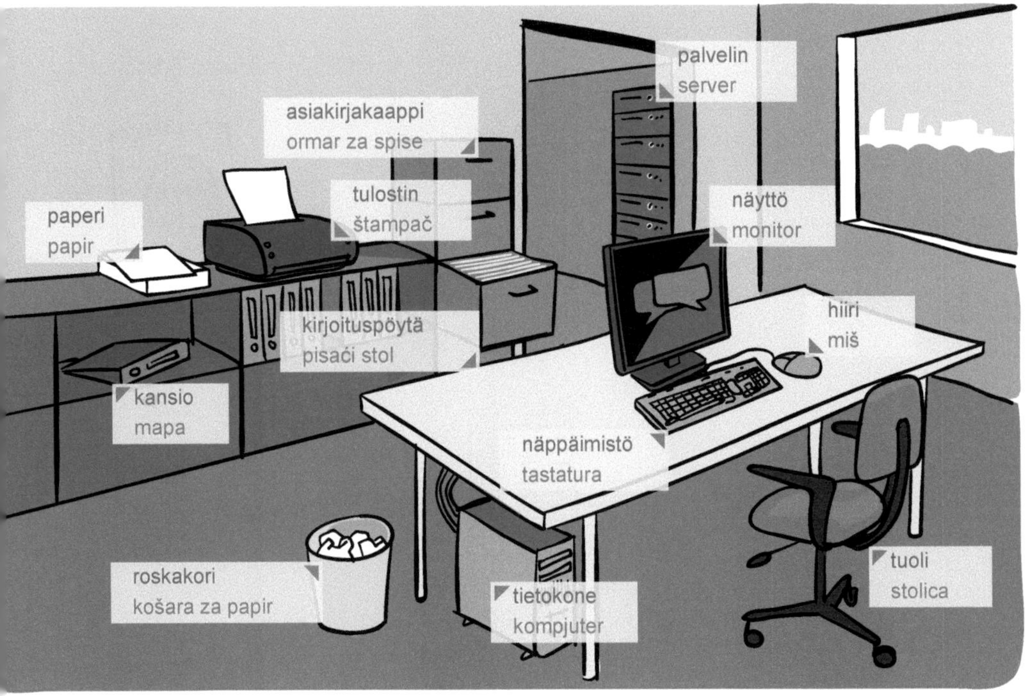

palvelin
server

asiakirjakaappi
ormar za spise

tulostin
štampač

näyttö
monitor

paperi
papir

hiiri
miš

kirjoituspöytä
pisaći stol

kansio
mapa

näppäimistö
tastatura

roskakori
košara za papir

tuoli
stolica

tietokone
kompjuter

kahvimuki

šalica za kavu

taskulaskin

kalkulator

internet

internet

kannettava tietokone

laptop

kirje

pismo

viesti

poruka

kännykkä

mobilni telefon

verkko

mreža

kopiokone

uređaj za kopiranje

ohjelmisto

softver

puhelin

telefon

pistorasia

utičnica

faksi

faks

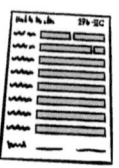

lomake

formular

asiakirja

dokument

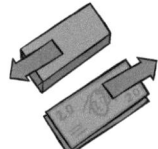

ostaa

kupovati

maksaa

platiti

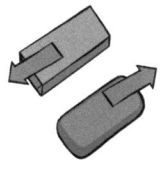

vaihtaa

trgovati

raha

novac

USD

dollari

dolar

EUR

euro

evro

JPY

jeni

jen

RUB

rupla

rublja

CHF

frangi

švajcarski franak

CNY

renminbi juan

renmindbi juan

INR

rupia

rupija

pankkiautomaatti

automat za novac

rahanvaihto

menjačnica

kulta

zlato

hopea

srebro

öljy

nafta

energia

energija

hinta

cena

sopimus

ugovor

vero

porez

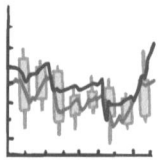

osake

deonica

työskennellä

raditi

työntekijä

službenik

työnantaja

poslodavac

tehdas

fabrika

liike

prodavnica

ammatit
zanimanja

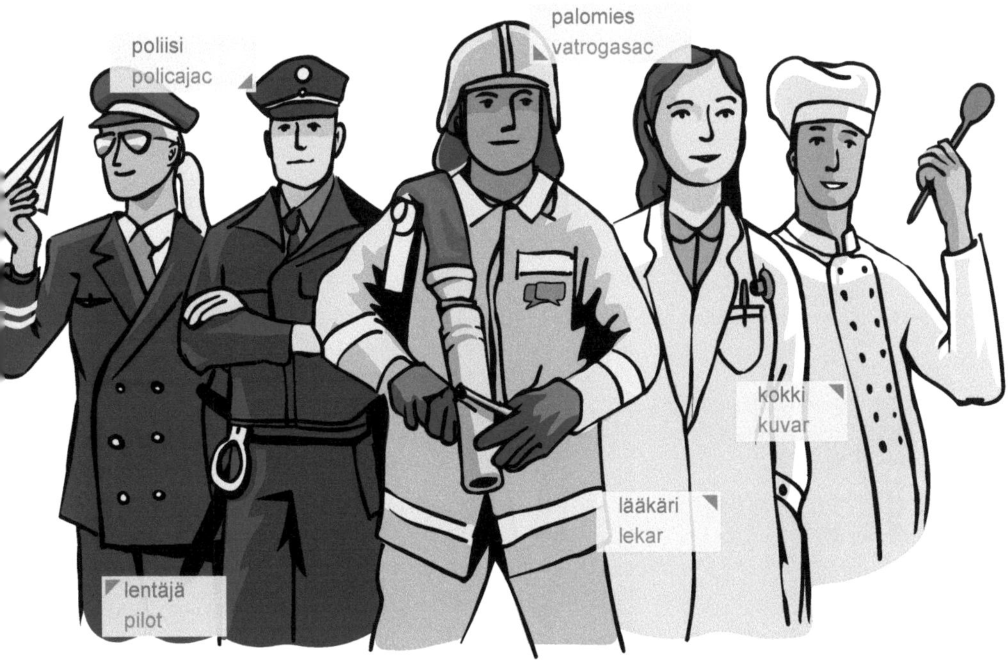
poliisi
policajac
palomies
vatrogasac
kokki
kuvar
lääkäri
lekar
lentäjä
pilot

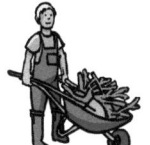

puutarhuri
....
vrtlar

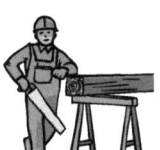

puuseppä
....
stolar

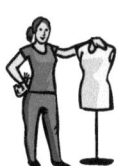

ompelija
....
krojačica

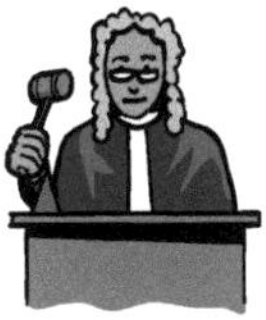

tuomari
....
sudija

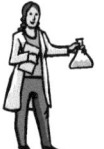

kemisti
....
hemičar

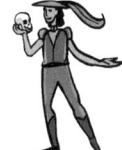

näyttelijä
....
glumac

linja-autonkuljettaja

vozač autobusa

taksinkuljettaja

vozač taksija

kalastaja

ribar

siivooja

čistačica

katontekijä

krovopokrivač

tarjoilija

konobar

metsästäjä

lovac

maalari

slikar

leipuri

pekar

sähköasentaja

električar

rakentaja

građevinski radnik

insinööri

inženjer

teurastaja

mesar

putkiasentaja

limar

postinjakaja

poštar

sotilas

vojnik

arkkitehti

arhitekta

kassanhoitaja

blagajnik

floristi

cvećar

kampaaja

frizer

konduktööri

kondukter

mekaanikko

mehaničar

kapteeni

kapetan

hammaslääkäri

zubar

tiedemies

naučnik

rabbi

rabi

imaami

imam

munkki

monah

pappi

svećenik

työkalut
alati

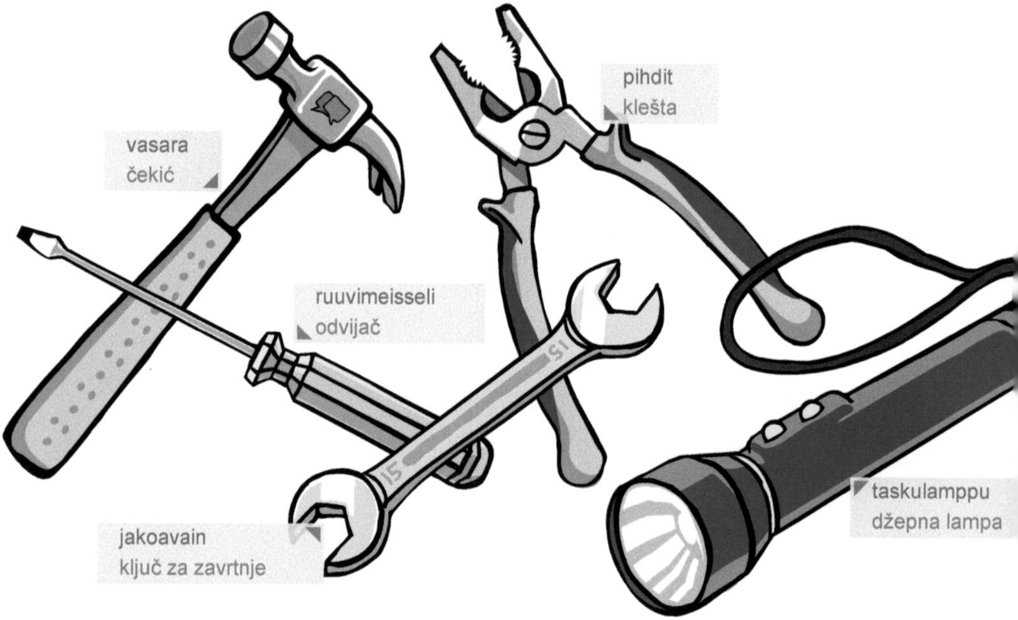
pihdit
klešta
vasara
čekić
ruuvimeisseli
odvijač
taskulamppu
džepna lampa
jakoavain
ključ za zavrtnje

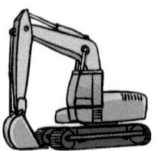

kaivinkone

bager

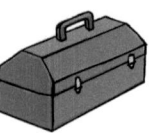

työkalupakki

kutija za alat

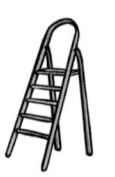

tikkaat

merdevine

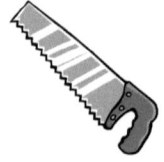

saha

pila

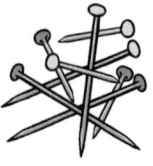

naulat

ekser

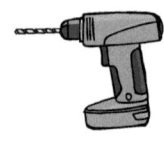

pora

bušilica

korjata	lapio	Hitto!
popraviti	lopata	do đavola!

		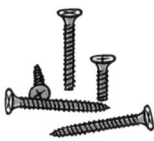
rikkalapio	maalipurkki	ruuvit
lopatica	lonac za boju	zavrtanji

soittimet
muzički instrument

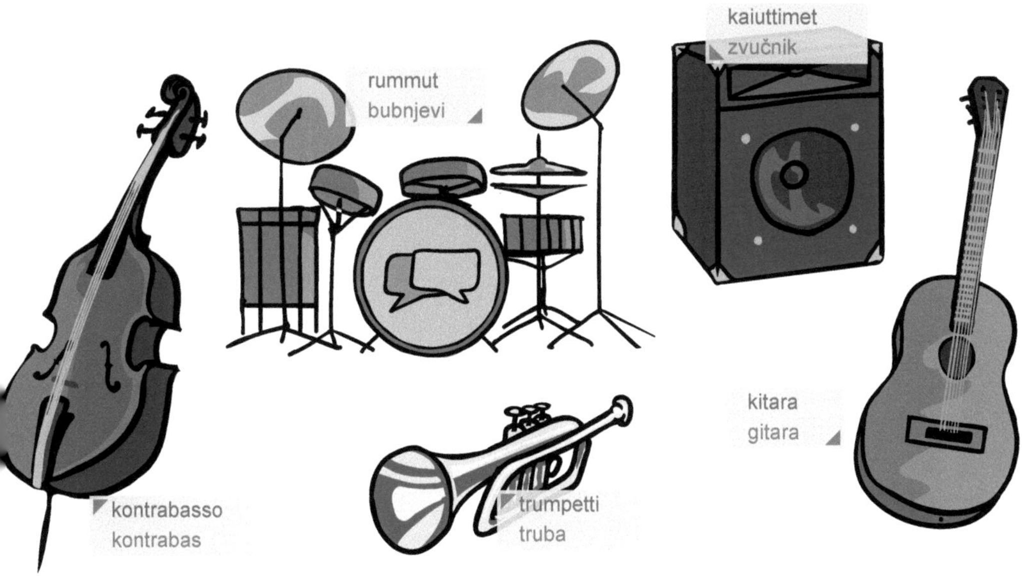

rummut
bubnjevi

kaiuttimet
zvučnik

kitara
gitara

kontrabasso
kontrabas

trumpetti
truba

piano

klavir

viulu

violina

basso

bas

patarummut

timpani

rumpu

udaraljke za bubnjeve

kosketinsoitin

tipke klavira

saksofoni

saksofon

huilu

flauta

mikrofoni

mikrofon

tiikeri
tigar

häkki
kavez

seepra
zebra

eläinten ruoka
hrana za životinje

sisäänkäynti
ulaz

panda
panda

eläimet

životinje

norsu

slon

kenguru

kengur

sarvikuono

nosorog

gorilla

gorila

karhu

medved

kameli

kamila

strutsi

noj

leijona

lav

apina

majmun

flamingo

flamingo

papukaija

papagaj

jääkarhu

polarni medved

pingviini

pingvin

hai

ajkula

riikinkukko

paun

käärme

zmija

krokotiili

krokodil

eläintarhanhoitaja

čuvar u zoološkom vrtu

hylje

tuljan

jaguaari

jaguar

poni
....
poni

leopardi
....
leopard

virtahepo
....
nilski konj

kirahvi
....
žirafa

kotka
....
orao

villisika
....
divlja svinja

kala
....
riba

kilpikonna
....
kornjača

mursu
....
morž

kettu
....
lisica

gaselli
....
gazela

amerikkalainen jalkapallo
američki nogomet

pyöräily
biciklizam

tennis
tenis

koripallo
košarka

uinti
plivanje

nyrkkeily
boks

jääkiekko
hokej na ledu

jalkapallo

fudbal

sulkapallo

badminton

yleisurheilu

atletika

käsipallo

rukomet

hiihto

skijanje

poolo

polo

aktiviteetit
aktivnosti

nauraa
smejati se
hypätä
skočiti
halata
zagrliti
kävellä
ići
laulaa
pevati
unelmoida
sanjati
rukoilla
moliti se
suudella
poljubiti

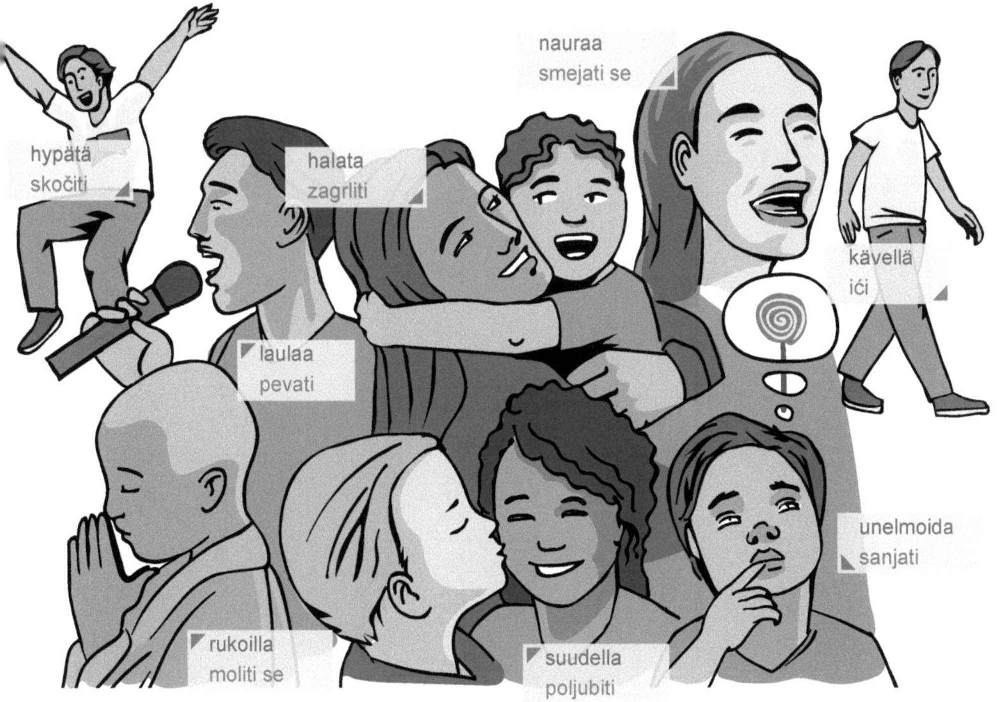

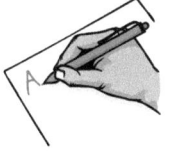

kirjoittaa

pisati

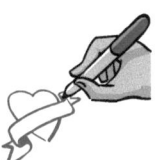

piirtää

crtati

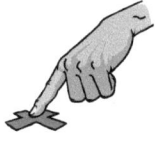

näyttää

pokazati

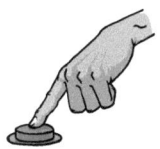

painaa

gurati

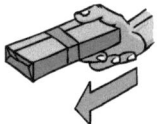

antaa

dati

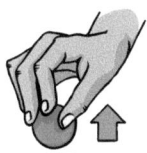

ottaa

uzeti

omistaa
imati

tehdä
činiti

olla
biti

seisoa
stojati

juosta
trčati

vetää
povlačiti

heittää
baciti

kaatua
padati

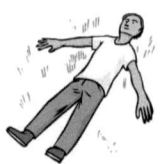

maata
ležati

odottaa
čekati

kantaa
nositi

istua
sediti

pukeutua
oblačiti

nukkua
spavati

herätä
probuditi se

katsoa

gledati

itkeä

plakati

silittää

milovati

kammata

češljati

puhua

govoriti

ymmärtää

razumeti

kysyä

pitati

kuunnella

slušati

juoda

piti

syödä

jesti

siivota

pospremiti

rakastaa

voleti

keittää

kuhati

ajaa

voziti

lentää

leteti

purjehtia

ploviti

laskea

računati

lukea

čitati

oppia

učiti

työskennellä

raditi

mennä naimisiin

venčati se

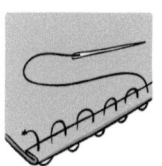

ommella

šiti

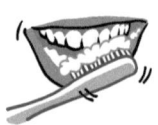

pestä hampaat

prati zube

tappaa

ubiti

tupakoida

pušiti

lähettää

poslati

mummo
baka

ukki
deda

isä
otac

äiti
majka

vauva
beba

tytär
kćerka

poika
sin

vieras

gost

täti

tetka

setä

ujak, stric

veli

brat

sisko

sestra

vartalo

telo

otsa
čelo
silmä
oko
olkapää
rame
sormet
prst
kasvot
lice
leuka
brada
käsi
ruka
jalka
noga
rinta
grudi
käsivarsi
ruka

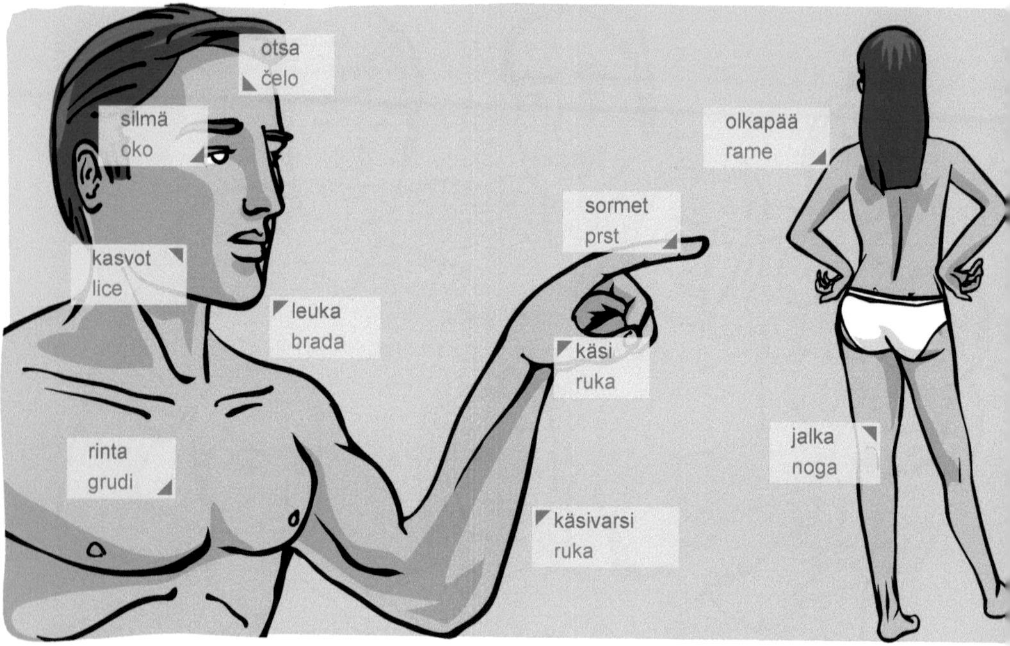

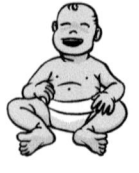

vauva
beba

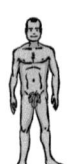

mies
muškarac

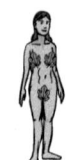

nainen
žena

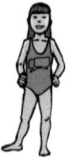

tyttö
devojčica

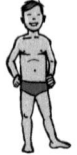

poika
dečak

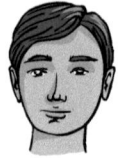

pää
glava

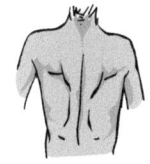

selkä
leđa

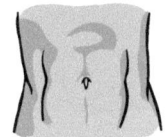

maha
stomak

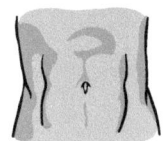

napa
pupak

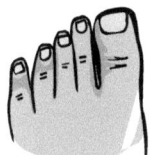

varvas
nožni prst

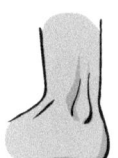

kantapää
peta

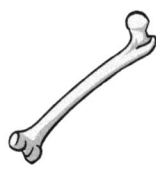

luu
kost

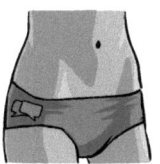

lantio
kukovi

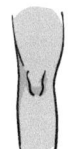

polvi
koleno

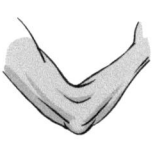

kyynärpää
lakat

nenä
nos

takapuoli
zadnjica

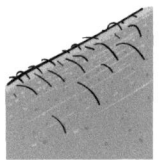

iho
koža

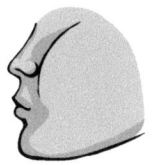

poski
obraz

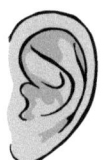

korva
uvo

huuli
usna

vartalo - telo

69

suu

usta

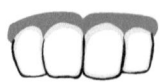

hammas

zub

kieli

jezik

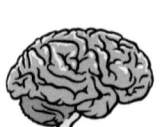

aivot

mozak

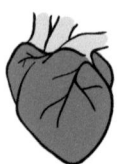

sydän

srce

lihas

mišić

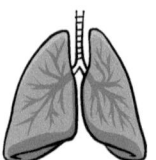

keuhkot

pluća

maksa

jetra

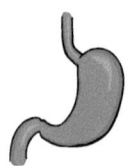

vatsa

želudac

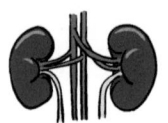

munuaiset

bubrezi

seksi

polni odnos

kondomi

kondom

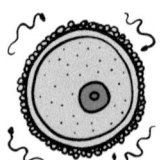

munasolu

jajna ćelija

sperma

sperma

raskaus

trudnoća

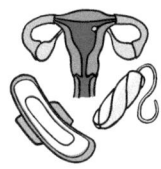

kuukautiset
menstruacija

vagina
vagina

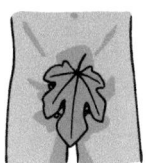

penis
penis

kulmakarvat
obrva

hiukset
kosa

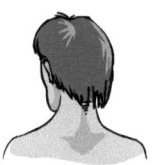

niska
vrat

sairaala
bolnica

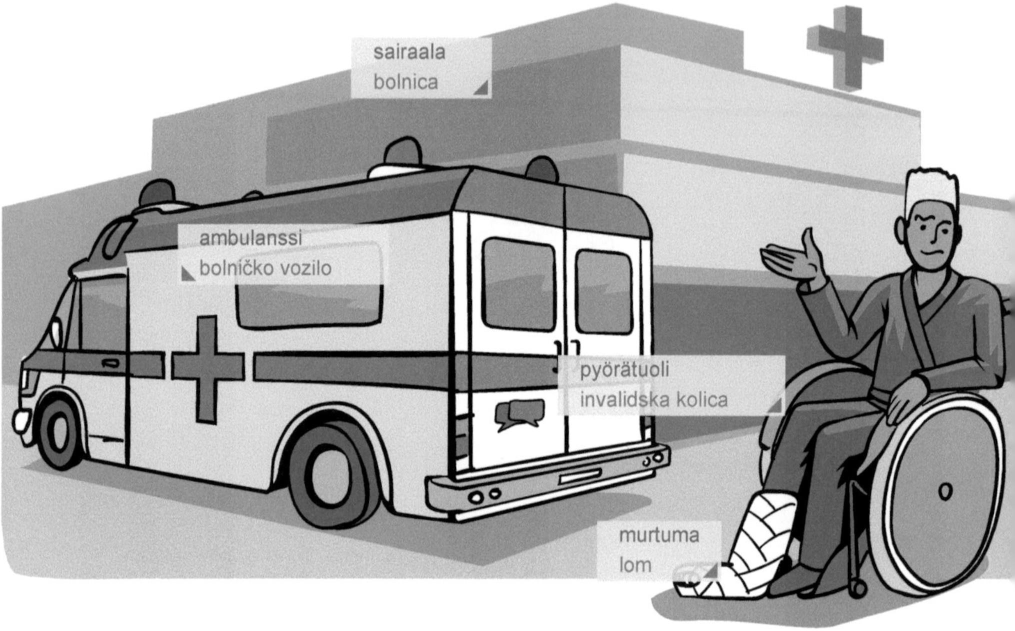

sairaala
bolnica
ambulanssi
bolníčko vozilo
pyörätuoli
invalidska kolica
murtuma
lom

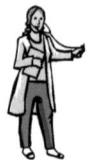

lääkäri

lekar

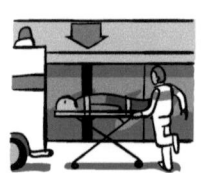

ensiapu

hitna medicinska služba

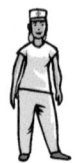

sairaanhoitaja

medicinska sestra

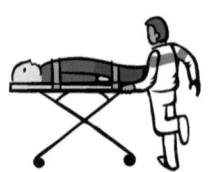

hätätilanne

hitni slučaj

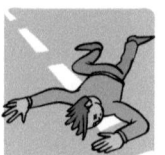

tajuton

nesvest

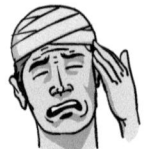

kipu

bol

vamma

povreda

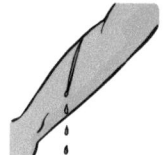

verenvuoto

krvarenje

sydänkohtaus

srčani udar

aivoinfarkti

udar

allergia

alergija

yskä

kašalj

kuume

groznica

flunssa

gripa

ripuli

proliv

päänsärky

glavobolja

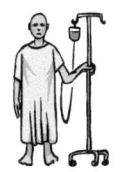

syöpä

rak

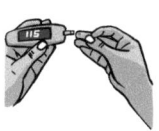

diabetes

dijabetes

kirurgi

hirurg

veitsi

skalpel

leikkaus

operacija

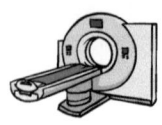

ct
....
ct

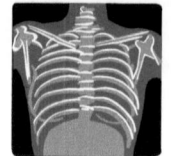

röntgen
....
rentgen

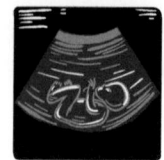

ultraääni
....
ultrazvuk

maski
....
maska

sairaus
....
bolest

odotushuone
....
čekaona

sauva
....
štaka

laastari
....
flaster

side
....
zavoj

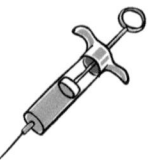

pistos
....
injekcija

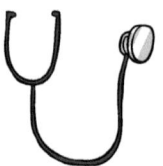

stetoskooppi
....
stetoskop

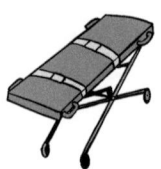

paarit
....
nosila

kuumemittari
....
termometar

syntymä
....
rođenje

ylipaino
....
prekomerna težina

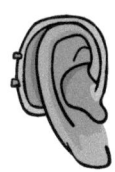

kuulolaite

slušni aparat

desinfiointiaine

sredstvo za dezinfekciju

infektio

infekcija

virus

virus

HIV / AIDS

HIV / AIDS

lääke

medicina

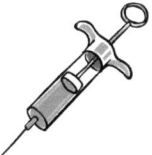

rokotus

vakcinacija

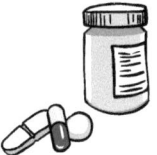

tabletit

tablete

pilleri

pilula

hätäpuhelu

hitni poziv

verenpainemittari

uređaj za merenje pritiska

sairas / terve

bolesno / zdravo

hälytys

alarm

ryöstö

nasrtaj

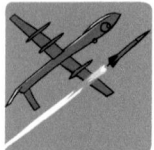

hyökkäys

napad

vaara

opasnost

hätäuloskäynti

izlaz u slučaju nužde

Apua!

pomoć!

Tulipalo!

požar!

palosammutin

protivpožarni aparat

onnettomuus

nezgoda

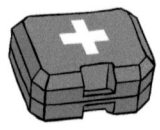

ensiapulaukku

kutija prve pomoći

SOS

sos

poliisilaitos

policija

maa

zemlja

 Eurooppa / Evropa

 Pohjois-Amerikka / Severna Amerika

 Etelä-Amerikka / Južna Amerika

 Afrikka / Afrika

 Aasia / Azija

 Australia / Australija

 Atlantin valtameri / Atlantik

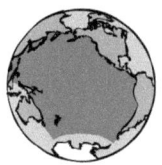 Tyynimeri / Pacifik

 Intian valtameri / Indijski okean

 Eteläinen jäämeri / Antarktički okean

 Pohjoinen jäämeri / Arktički ocean

 pohjoisnapa / Severni pol

etelänapa

Južni pol

Antarktis

Antarktik

maa

zemlja

maa

zemlja

meri

more

saari

otok

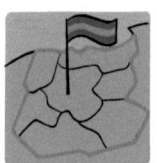

kansa

nacija

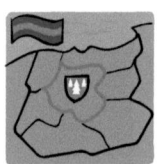

osavaltio

država

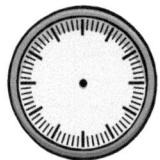

kellotaulu
brojčanik sata

tuntiviisari
satna kazaljka

minuuttiviisari
minutna kazaljka

sekuntiviisari
sekundna kazaljka

Paljonko kello on?
Koliko je sati?

päivä
dan

aika
vreme

nyt
sada

digitaalikello
digitalni sat

minuutti
minuta

tunti
čas

viikko
sedmica

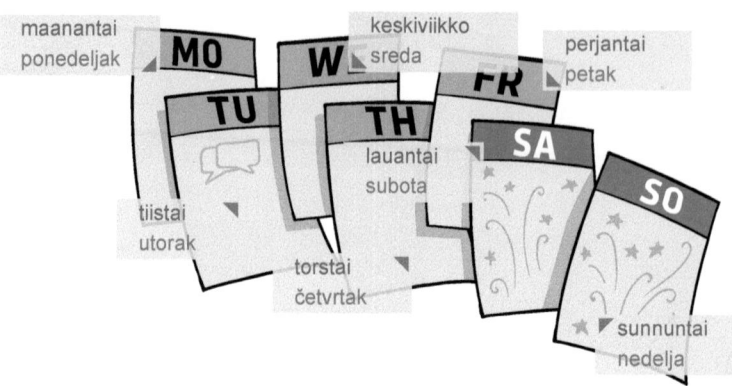

maanantai
ponedeljak

keskiviikko
sreda

perjantai
petak

tiistai
utorak

torstai
četvrtak

lauantai
subota

sunnuntai
nedelja

eilen
....
juče

tänään
....
danas

huomenna
....
sutra

aamu
....
jutro

keskipäivä
....
podne

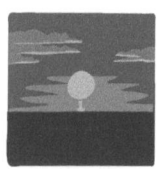

ilta
....
veče

MO	TU	WE	TH	FR	SA	SU
1	2	3	4	5	6	7
8	9	10	11	12	13	14
15	16	17	18	19	20	21
22	23	24	25	26	27	28
29	30	31	1	2	3	4

työpäivät
....
radni dani

MO	TU	WE	TH	FR	SA	SU
1	2	3	4	5	6	7
8	9	10	11	12	13	14
15	16	17	18	19	20	21
22	23	24	25	26	27	28
29	30	31	1	2	3	4

viikonloppu
....
vikend

sade
kiša

sateenkaari
duga

lumi
sneg

tuuli
vetar

kevät
proleće

syksy
jesen

kesä
leto

talvi
zima

4.APRIL	11°	☀
5.APRIL	4°	☁
6.APRIL	13°	⛆
7.APRIL	8°	❄
8.APRIL	10°	☀

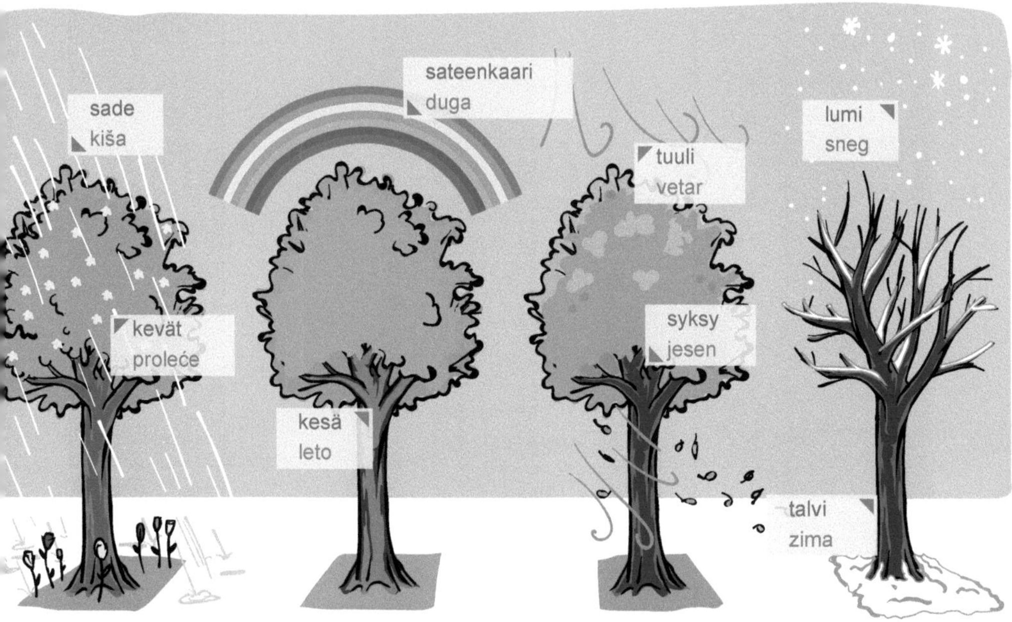

sääennuste
....
meteorološka prognoza

lämpömittari
....
termometar

auringonpaiste
....
sunčana svetlost

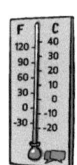

pilvi
....
oblak

sumu
....
magla

ilmankosteus
....
vlažnost vazduha

salama
....
munja

ukkonen
....
grmljavina

myrsky
....
oluja

rae
....
tuča

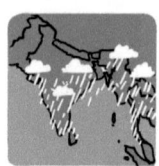

monsuuni
....
monsun

tulva
....
poplava

jää
....
led

tammikuu
....
januar

helmikuu
....
februar

maaliskuu
....
mart

huhtikuu
....
april

toukokuu
....
maj

kesäkuu
....
juni

heinäkuu
....
juli

elokuu
....
avgust

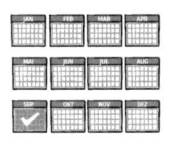

syyskuu
....
septembar

lokakuu
....
oktobar

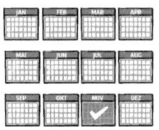

marraskuu
....
novembar

joulukuu
....
decembar

muodot
oblici

ympyrä
....
krug

neliö
....
kvadrat

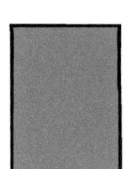

suorakulmio
....
pravougao

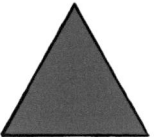

kolmio
....
trougao

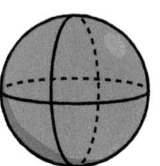

pallo
....
kugla

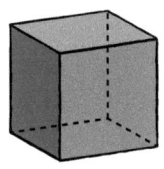

kuutio
....
kocka

valkoinen

bela

keltainen

žuta

oranssi

narandžasta

vaaleanpunainen

ružičasta

punainen

crvena

violetti

ljubičasta

sininen

plava

vihreä

zelena

ruskea

smeđa

harmaa

siva

musta

crna

paljon / vähän

mnogo / malo

vihainen / ystävällinen

ljutito / mirno

kaunis / ruma

lepo / ružno

alku / loppu

početak / kraj

suuri / pieni

veliko / maleno

vaalea / tumma

svetlo / tamno

veli / sisko

brat / sestra

puhdas / likainen

čisto / prljavo

täydellinen / epätäydellinen

potpuno / nepotpuno

päivä / yö

dan / noć

kuollut / elävä

mrtvo / živo

leveä / kapea

široko / usko

syötävä / syömäkelvoton

jestivo / nejestivo

paha / kiltti

zlo / dobro

innostunut / tylsistynyt

uzbuđeno / dosadno

lihava / laiha

debelo / mršavo

ensimmäinen / viimeinen

na početku / na kraju

ystävä / vihollinen

prijatelj / neprijatelj

täysi / tyhjä

puno / prazno

kova / pehmeä

tvrdo / mekano

painava / kevyt

teško / lagano

nälkä / jano

glad / žeđ

sairas / terve

bolesno / zdravo

laiton / laillinen

ilegalno / legalno

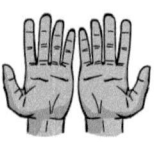

älykäs / tyhmä

pametno / glupo

vasen / oikea

levo / desno

lähellä / kaukana

blizu / daleko

uusi / käytetty
novo / polovno

ei mitään / jotain
ništa / nešto

vanha / nuori
staro / mlado

päällä / pois päältä
uključeno / isključeno

auki / kiinni
otvoreno / zatvoreno

hiljainen / äänekäs
tiho / glasno

rikas / köyhä
bogato / siromašno

oikein / väärin
tačno / pogrešno

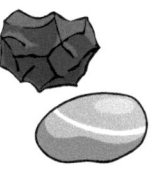

karhea / sileä
hrapavo / glatko

surullinen / iloinen
tužno / sretno

lyhyt / pitkä
kratko / dugo

hidas / nopea
polako / brzo

märkä / kuiva
mokro / suho

lämmin / viileä
toplo / hladno

sota / rauha
rat / mir

0	1	2
nolla	yksi	kaksi
nula	jedan	dva

3	4	5
kolme	neljä	viisi
tri	četiri	pet

6	7	8
kuusi	seitsemän	kahdeksan
šest	sedam	osam

9	10	11
yhdeksän	kymmenen	yksitoista
devet	deset	jedanaest

12	**13**	**14**
kaksitoista	kolmetoista	neljätoista
dvanaest	trinaest	četrnaest

15	**16**	**17**
viisitoista	kuusitoista	seitsemäntoista
petnaest	šestnaest	sedamnaest

18	**19**	**20**
kahdeksantoista	yhdeksäntoista	kaksikymmentä
osamnaest	devetnaest	dvadeset

100	**1.000**	**1.000.000**
sata	tuhat	miljoona
stotinu	hiljadu	milion

englanti
·············
engleski

amerikanenglanti
·············
američki engleski

mandariinikiina
·············
mandarinski kineski

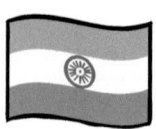

hindi
·············
hindski

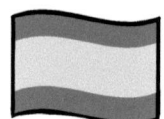

espanja
·············
španski

ranska
·············
francuski

arabia
·············
arapski

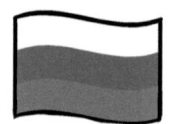

venäjä
·············
ruski

portugali
·············
portugalski

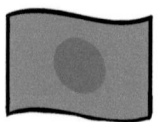

bengali
·············
bengalski

saksa
·············
nemački

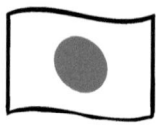

japani
·············
japanski

minä

ja

sinä

ti

hän

on / ona / ono

me

mi

te

vi

he

oni

kuka?

Ko?

mitä / mikä?

Šta?

miten?

Kako?

missä?

Gde?

milloin?

Kada?

nimi

ime

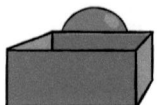

takana

iza

sisällä

u

edessä

ispred

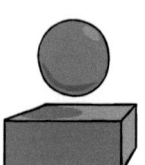

yläpuolella

preko

päällä

na

alapuolella

ispod

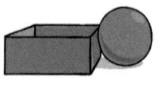

vieressä

pored

välissä

između

paikka

mesto